This report is towards furnishing precise and reliable data concerning the point and issue secured. It was conceivable that the manufacturer was not required to do bookkeeping, legally approved, or anything else, competent administrations. If the exhortation is relevant, valid, or qualified, a rehearsed person should be requested during the call.

The Declaration of Principles, which the American Bar Association Committee and the Publishers and Associations Committee have accepted and supported.

The data provided in this document is expressed in an honest and predictable way, like any risk, in so far as abstention or anything else, is a singular and articulate duty for the beneficiary peruser to use or mistreat any approaches, procedures or bearing contained within it. No legal responsibility or blame shall be held against the distributor for any reparation, loss, or money-related misfortune because of the results, whether explicitly or implied.

The details herein are solely for educational purposes and are all-inclusive. The data was entered without a contract or acknowledgement of assurance.

The marks used shall be without consent, and the distribution of the mark shall be without the consent or support of the proprietor of the mark. All trademarks and trademarks within this book are just for explanation and are held clearly by the owners, who are not associated with this record.

Recipe:

serves   ⏱ prep time

ingredients   instructions

--------------------   ------------------------------
--------------------   ------------------------------
--------------------   ------------------------------
--------------------   ------------------------------
--------------------   ------------------------------
--------------------   ------------------------------
--------------------   ------------------------------
--------------------   ------------------------------
--------------------   ------------------------------
--------------------   ------------------------------

{ notes

}

Recipe:

serves   ⏱ prep time

ingredients   instructions

---------------------   ---------------------------

---------------------   ---------------------------

---------------------   ---------------------------

---------------------   ---------------------------

---------------------   ---------------------------

---------------------   ---------------------------

---------------------   ---------------------------

---------------------   ---------------------------

---------------------   ---------------------------

---------------------   ---------------------------

{ notes }

Recipe:

serves   ⏱ prep time

ingredients   instructions

{ notes }

Recipe:

serves ⏱ prep time

ingredients

----

instructions

{ notes }

Recipe:

serves   🕐 prep time

ingredients

instructions

{ notes }

Recipe:

serves ⏱ prep time

ingredients

----

instructions

{ notes }

Recipe:

serves   🕐 prep time

ingredients

----

instructions

{ notes }

Recipe:

serves   ⏱ prep time

ingredients   instructions

------------------   --------------------------

------------------   --------------------------

------------------   --------------------------

------------------   --------------------------

------------------   --------------------------

------------------   --------------------------

------------------   --------------------------

------------------   --------------------------

------------------   --------------------------

------------------   --------------------------

------------------   --------------------------

{ *notes* }

Recipe:

serves   prep time

ingredients   instructions

_____   _____

_____   _____

_____   _____

_____   _____

_____   _____

_____   _____

_____   _____

_____   _____

_____   _____

_____   _____

{ notes   }

Recipe:

serves   🕐 prep time

ingredients

instructions

--------------------   --------------------------------
--------------------   --------------------------------
--------------------   --------------------------------
--------------------   --------------------------------
--------------------   --------------------------------
--------------------   --------------------------------
--------------------   --------------------------------
--------------------   --------------------------------
--------------------   --------------------------------
--------------------   --------------------------------
--------------------   --------------------------------

{ notes }

Recipe:

serves   🕐 prep time

ingredients   instructions

---------------------------   ----------------------------------
---------------------------   ----------------------------------
---------------------------   ----------------------------------
---------------------------   ----------------------------------
---------------------------   ----------------------------------
---------------------------   ----------------------------------
---------------------------   ----------------------------------
---------------------------   ----------------------------------
---------------------------   ----------------------------------
---------------------------   ----------------------------------

{ *notes*   }

Recipe:

serves   prep time

ingredients

instructions

------------------------   ----------------------------------

------------------------   ----------------------------------

------------------------   ----------------------------------

------------------------   ----------------------------------

------------------------   ----------------------------------

------------------------   ----------------------------------

------------------------   ----------------------------------

------------------------   ----------------------------------

------------------------   ----------------------------------

------------------------   ----------------------------------

------------------------   ----------------------------------

notes

Recipe:

serves ⏱ prep time

ingredients

instructions

-- --
-- --
-- --
-- --
-- --
-- --
-- --
-- --
-- --
-- --
-- --

{ notes }

Recipe:

serves   prep time

ingredients

instructions

------------------------ ------------------------------

------------------------ ------------------------------

------------------------ ------------------------------

------------------------ ------------------------------

------------------------ ------------------------------

------------------------ ------------------------------

------------------------ ------------------------------

------------------------ ------------------------------

------------------------ ------------------------------

------------------------ ------------------------------

------------------------ ------------------------------

{ notes }

Recipe:

serves ⏱ prep time

ingredients   instructions

——————————————   ————————————————————
——————————————   ————————————————————
——————————————   ————————————————————
——————————————   ————————————————————
——————————————   ————————————————————
——————————————   ————————————————————
——————————————   ————————————————————
——————————————   ————————————————————
——————————————   ————————————————————
——————————————   ————————————————————

{ *notes* }

Recipe:

serves   🕐 prep time

ingredients

----

instructions

{ notes   }

Recipe:

serves   🕐 prep time

ingredients

- ------------------------
- ------------------------
- ------------------------
- ------------------------
- ------------------------
- ------------------------
- ------------------------
- ------------------------
- ------------------------
- ------------------------
- ------------------------

instructions

- ------------------------
- ------------------------
- ------------------------
- ------------------------
- ------------------------
- ------------------------
- ------------------------
- ------------------------
- ------------------------
- ------------------------
- ------------------------

{ notes }

Recipe:

serves   prep time

ingredients

instructions

-----------------------------   -----------------------------

-----------------------------   -----------------------------

-----------------------------   -----------------------------

-----------------------------   -----------------------------

-----------------------------   -----------------------------

-----------------------------   -----------------------------

-----------------------------   -----------------------------

-----------------------------   -----------------------------

-----------------------------   -----------------------------

-----------------------------   -----------------------------

-----------------------------   -----------------------------

{ notes

}

Recipe:

serves   ⏱ prep time

ingredients   instructions

--------------------------   ----------------------------------
--------------------------   ----------------------------------
--------------------------   ----------------------------------
--------------------------   ----------------------------------
--------------------------   ----------------------------------
--------------------------   ----------------------------------
--------------------------   ----------------------------------
--------------------------   ----------------------------------
--------------------------   ----------------------------------
--------------------------   ----------------------------------
--------------------------   ----------------------------------

{ notes   }

Recipe:

serves   🕛 prep time

ingredients

----

instructions

{ notes }

Recipe:

serves   🕐 prep time

ingredients

instructions

---------------------------   ---------------------------

---------------------------   ---------------------------

---------------------------   ---------------------------

---------------------------   ---------------------------

---------------------------   ---------------------------

---------------------------   ---------------------------

---------------------------   ---------------------------

---------------------------   ---------------------------

---------------------------   ---------------------------

---------------------------   ---------------------------

---------------------------   ---------------------------

{ notes }

Recipe:

serves   🕑 prep time

ingredients

instructions

_____   _____
_____   _____
_____   _____
_____   _____
_____   _____
_____   _____
_____   _____
_____   _____
_____   _____
_____   _____
_____   _____

{ notes }

Recipe:

serves   🕑 prep time

ingredients

_____
_____
_____
_____
_____
_____
_____
_____
_____
_____
_____

instructions

_____
_____
_____
_____
_____
_____
_____
_____
_____
_____
_____

{ notes }

Recipe:

serves   ⏱ prep time

ingredients   instructions

-------------------------   -------------------------

-------------------------   -------------------------

-------------------------   -------------------------

-------------------------   -------------------------

-------------------------   -------------------------

-------------------------   -------------------------

-------------------------   -------------------------

-------------------------   -------------------------

-------------------------   -------------------------

-------------------------   -------------------------

{ notes }

Recipe:

serves   prep time

ingredients

----

instructions

{ *notes* }

Recipe:

serves   prep time

ingredients

instructions

{ notes

Recipe:

serves ⏱ prep time

ingredients

----

instructions

{ notes }

Recipe:

serves   ⏱ prep time

ingredients

instructions

{ notes   }

Recipe:

serves   ⏱ prep time

ingredients

instructions

{ notes }

Recipe:

serves   prep time

ingredients

instructions

------------------   ----------------------------

------------------   ----------------------------

------------------   ----------------------------

------------------   ----------------------------

------------------   ----------------------------

------------------   ----------------------------

------------------   ----------------------------

------------------   ----------------------------

------------------   ----------------------------

------------------   ----------------------------

{ notes   }

Recipe:

serves   🕐 prep time

ingredients

instructions

{ notes }

Recipe:

serves   🕐 prep time

ingredients

instructions

{ notes }

Recipe:

serves ⏱ prep time

ingredients

instructions

------------------ ---------------------------

------------------ ---------------------------

------------------ ---------------------------

------------------ ---------------------------

------------------ ---------------------------

------------------ ---------------------------

------------------ ---------------------------

------------------ ---------------------------

------------------ ---------------------------

------------------ ---------------------------

------------------ ---------------------------

{ *notes* }

Recipe:

serves ⏱ prep time

ingredients

----

instructions

{ notes }

Recipe:

serves   prep time

ingredients

instructions

----

notes

Recipe:

serves   🕑 prep time

ingredients

instructions

{ notes

}

Recipe:

serves ⏱ prep time

ingredients

instructions

notes

Recipe:

serves ⏱ prep time

ingredients

instructions

_____
_____
_____
_____
_____
_____
_____
_____
_____
_____

_____
_____
_____
_____
_____
_____
_____
_____
_____
_____

{ notes }

Recipe:

serves   🕐 prep time

ingredients

instructions

{ notes }

Recipe:

serves   🕚 prep time

ingredients

instructions

{ notes }

Recipe:

serves   🕛 prep time

ingredients

---

instructions

{ notes }

Recipe:

serves   🕑 prep time

ingredients   instructions

\----------------- \-------------------------

\----------------- \-------------------------

\----------------- \-------------------------

\----------------- \-------------------------

\----------------- \-------------------------

\----------------- \-------------------------

\----------------- \-------------------------

\----------------- \-------------------------

\----------------- \-------------------------

\----------------- \-------------------------

{ notes

}

Recipe:

serves ⏱ prep time

ingredients

----

instructions

{ notes }

Recipe:

serves   ⏱ prep time

ingredients

----

instructions

{ notes }

Recipe:

serves   🕑 prep time

ingredients

----

instructions

{ notes }

Recipe:

serves   ⏱ prep time

ingredients

instructions

_____   _____
_____   _____
_____   _____
_____   _____
_____   _____
_____   _____
_____   _____
_____   _____
_____   _____
_____   _____
_____   _____

{ notes   }

Recipe:

serves   prep time

ingredients   ## instructions

---------------------   ------------------------------
---------------------   ------------------------------
---------------------   ------------------------------
---------------------   ------------------------------
---------------------   ------------------------------
---------------------   ------------------------------
---------------------   ------------------------------
---------------------   ------------------------------
---------------------   ------------------------------
---------------------   ------------------------------
---------------------   ------------------------------

{ notes   }

Recipe:

serves　　🕐 prep time

ingredients

instructions

-------------------　　　　-----------------------------
-------------------　　　　-----------------------------
-------------------　　　　-----------------------------
-------------------　　　　-----------------------------
-------------------　　　　-----------------------------
-------------------　　　　-----------------------------
-------------------　　　　-----------------------------
-------------------　　　　-----------------------------
-------------------　　　　-----------------------------
-------------------　　　　-----------------------------
-------------------　　　　-----------------------------

{ *notes* }

Recipe:

serves ⏱ prep time

ingredients

instructions

{ notes }

Recipe:

serves   🕐 prep time

ingredients

----

instructions

{ notes }

Recipe:

serves   ⏱ prep time

ingredients   instructions

----------------------------   -----------------------------------

----------------------------   -----------------------------------

----------------------------   -----------------------------------

----------------------------   -----------------------------------

----------------------------   -----------------------------------

----------------------------   -----------------------------------

----------------------------   -----------------------------------

----------------------------   -----------------------------------

----------------------------   -----------------------------------

----------------------------   -----------------------------------

{ notes   }

Recipe:

serves   🕐 prep time

ingredients

----

instructions

{ notes }

Recipe:

serves   🕑 prep time

ingredients

---

instructions

{ notes }

Recipe:

serves ⏱ prep time

ingredients

----

instructions

{ notes

}

Recipe:

serves   prep time

ingredients   instructions

---------------------   --------------------------
---------------------   --------------------------
---------------------   --------------------------
---------------------   --------------------------
---------------------   --------------------------
---------------------   --------------------------
---------------------   --------------------------
---------------------   --------------------------
---------------------   --------------------------
---------------------   --------------------------
---------------------   --------------------------

{ notes   }

Recipe:

serves   🕐 prep time

ingredients

----

instructions

{ notes }

Recipe:

serves   ⏱ prep time

ingredients

----

instructions

{ notes }

Recipe:

serves   🕐 prep time

ingredients   ## instructions

------------------   ----------------------------
------------------   ----------------------------
------------------   ----------------------------
------------------   ----------------------------
------------------   ----------------------------
------------------   ----------------------------
------------------   ----------------------------
------------------   ----------------------------
------------------   ----------------------------
------------------   ----------------------------
------------------   ----------------------------

{ notes

}

Recipe:

serves   ⏱ prep time

ingredients

----

instructions

{ notes }

Recipe:

serves   prep time

ingredients

instructions

notes

Recipe:

serves   🕑 prep time

ingredients

----

instructions

{ notes }

Recipe:

serves   prep time

ingredients   instructions

---------------   ------------------------
---------------   ------------------------
---------------   ------------------------
---------------   ------------------------
---------------   ------------------------
---------------   ------------------------
---------------   ------------------------
---------------   ------------------------
---------------   ------------------------
---------------   ------------------------
---------------   ------------------------

notes

Recipe:

serves   🕐 prep time

ingredients   instructions

_____   _____

_____   _____

_____   _____

_____   _____

_____   _____

_____   _____

_____   _____

_____   _____

_____   _____

_____   _____

{ notes }

Recipe:

serves   🕐 prep time

ingredients

instructions

---------------------------------   ---------------------------------

---------------------------------   ---------------------------------

---------------------------------   ---------------------------------

---------------------------------   ---------------------------------

---------------------------------   ---------------------------------

---------------------------------   ---------------------------------

---------------------------------   ---------------------------------

---------------------------------   ---------------------------------

---------------------------------   ---------------------------------

---------------------------------   ---------------------------------

{ notes

}

Recipe:

serves   🕐 prep time

ingredients   ## instructions

------------------   ----------------------------
------------------   ----------------------------
------------------   ----------------------------
------------------   ----------------------------
------------------   ----------------------------
------------------   ----------------------------
------------------   ----------------------------
------------------   ----------------------------
------------------   ----------------------------
------------------   ----------------------------
------------------   ----------------------------

{ notes

}

Recipe:

serves   prep time

ingredients

----

instructions

----

notes

Recipe:

serves   🕛 prep time

ingredients

instructions

---------------------------   ---------------------------

---------------------------   ---------------------------

---------------------------   ---------------------------

---------------------------   ---------------------------

---------------------------   ---------------------------

---------------------------   ---------------------------

---------------------------   ---------------------------

---------------------------   ---------------------------

---------------------------   ---------------------------

---------------------------   ---------------------------

---------------------------   ---------------------------

{ notes }

Recipe:

serves   prep time

ingredients   instructions

--------------------   ------------------------------
--------------------   ------------------------------
--------------------   ------------------------------
--------------------   ------------------------------
--------------------   ------------------------------
--------------------   ------------------------------
--------------------   ------------------------------
--------------------   ------------------------------
--------------------   ------------------------------
--------------------   ------------------------------
--------------------   ------------------------------

{ notes   }

Recipe:

serves   🕐 prep time

ingredients

----

instructions

{ notes }

Recipe:

serves   prep time

ingredients

instructions

{ notes
}

Recipe:

serves ⏱ prep time

ingredients

----

instructions

{ notes }

Recipe:

serves   ⏱ prep time

ingredients   instructions

--------------------   --------------------------

--------------------   --------------------------

--------------------   --------------------------

--------------------   --------------------------

--------------------   --------------------------

--------------------   --------------------------

--------------------   --------------------------

--------------------   --------------------------

--------------------   --------------------------

--------------------   --------------------------

{ notes }

Recipe:

serves   🕐 prep time

ingredients

----

instructions

{ notes }

Recipe:

serves   🕐 prep time

ingredients

instructions

{ notes }

Recipe:

serves   prep time

ingredients

instructions

_____   _____
_____   _____
_____   _____
_____   _____
_____   _____
_____   _____
_____   _____
_____   _____
_____   _____
_____   _____
_____   _____

{ *notes* }

Recipe:

serves   🕐 prep time

ingredients

----

instructions

{ notes }

Recipe:

serves   🕐 prep time

ingredients   ## instructions

---------------   ------------------------
---------------   ------------------------
---------------   ------------------------
---------------   ------------------------
---------------   ------------------------
---------------   ------------------------
---------------   ------------------------
---------------   ------------------------
---------------   ------------------------
---------------   ------------------------
---------------   ------------------------

{ notes   }

Recipe:

serves ⏱ prep time

ingredients

instructions

--------------------   ----------------------------

--------------------   ----------------------------

--------------------   ----------------------------

--------------------   ----------------------------

--------------------   ----------------------------

--------------------   ----------------------------

--------------------   ----------------------------

--------------------   ----------------------------

--------------------   ----------------------------

--------------------   ----------------------------

{ notes }

Recipe:

serves ⏱ prep time

ingredients

instructions

------------------- -------------------------
------------------- -------------------------
------------------- -------------------------
------------------- -------------------------
------------------- -------------------------
------------------- -------------------------
------------------- -------------------------
------------------- -------------------------
------------------- -------------------------
------------------- -------------------------

{ notes }

Recipe:

serves   🕐 prep time

ingredients   instructions

————————————   ————————————————

————————————   ————————————————

————————————   ————————————————

————————————   ————————————————

————————————   ————————————————

————————————   ————————————————

————————————   ————————————————

————————————   ————————————————

————————————   ————————————————

————————————   ————————————————

{ notes

}

Recipe:

serves   🕐 prep time

ingredients

----

instructions

{ notes }

Recipe:

serves   🕑 prep time

ingredients

instructions

{ notes

}

Recipe:

serves   ⏱ prep time

ingredients   instructions

-------------------   --------------------------

-------------------   --------------------------

-------------------   --------------------------

-------------------   --------------------------

-------------------   --------------------------

-------------------   --------------------------

-------------------   --------------------------

-------------------   --------------------------

-------------------   --------------------------

-------------------   --------------------------

-------------------   --------------------------

{ notes }

Recipe:

serves   🕐 prep time

ingredients

_____
_____
_____
_____
_____
_____
_____
_____
_____
_____

instructions

_____
_____
_____
_____
_____
_____
_____
_____
_____
_____

{ notes }

Recipe:

serves ⏱ prep time

ingredients

_____
_____
_____
_____
_____
_____
_____
_____
_____
_____
_____

instructions

_____
_____
_____
_____
_____
_____
_____
_____
_____
_____
_____

{ notes }

Recipe:

serves   prep time

ingredients   instructions

{ notes }

Recipe:

serves   🕐 prep time

ingredients   instructions

---------------------------   ---------------------------
---------------------------   ---------------------------
---------------------------   ---------------------------
---------------------------   ---------------------------
---------------------------   ---------------------------
---------------------------   ---------------------------
---------------------------   ---------------------------
---------------------------   ---------------------------
---------------------------   ---------------------------
---------------------------   ---------------------------

{ notes }

Recipe:

serves   🕐 prep time

ingredients

----

instructions

{ notes }

Recipe:

serves   ⏱ prep time

ingredients   instructions

--------------------   -----------------------------
--------------------   -----------------------------
--------------------   -----------------------------
--------------------   -----------------------------
--------------------   -----------------------------
--------------------   -----------------------------
--------------------   -----------------------------
--------------------   -----------------------------
--------------------   -----------------------------
--------------------   -----------------------------
--------------------   -----------------------------

{ notes   }

Recipe:

serves   ⏱ prep time

ingredients   instructions

_____   _____

_____   _____

_____   _____

_____   _____

_____   _____

_____   _____

_____   _____

_____   _____

_____   _____

_____   _____

_____   _____

{ notes

}

Recipe:

serves   🕐 prep time

ingredients

----

instructions

{ notes }

Recipe:

serves   prep time

ingredients   instructions

_____   _____

_____   _____

_____   _____

_____   _____

_____   _____

_____   _____

_____   _____

_____   _____

_____   _____

_____   _____

{ notes   }

Recipe:

serves   🕐 prep time

ingredients   instructions

------------------------   ------------------------------

------------------------   ------------------------------

------------------------   ------------------------------

------------------------   ------------------------------

------------------------   ------------------------------

------------------------   ------------------------------

------------------------   ------------------------------

------------------------   ------------------------------

------------------------   ------------------------------

------------------------   ------------------------------

------------------------   ------------------------------

{ notes   }

Recipe:

serves   ⏱ prep time

ingredients

instructions

----------------   ----------------------

----------------   ----------------------

----------------   ----------------------

----------------   ----------------------

----------------   ----------------------

----------------   ----------------------

----------------   ----------------------

----------------   ----------------------

----------------   ----------------------

----------------   ----------------------

----------------   ----------------------

{ notes }

Recipe:

serves   🕐 prep time

ingredients

instructions

{ notes }

Recipe:

serves   🕐 prep time

ingredients

----

instructions

{ notes }

Recipe:

serves   prep time

ingredients   instructions

-----------------   ------------------------------
-----------------   ------------------------------
-----------------   ------------------------------
-----------------   ------------------------------
-----------------   ------------------------------
-----------------   ------------------------------
-----------------   ------------------------------
-----------------   ------------------------------
-----------------   ------------------------------
-----------------   ------------------------------
-----------------   ------------------------------

{ notes   }

Recipe:

serves   🕙 prep time

ingredients

----

instructions

{ notes }

Recipe:

serves   ⏱ prep time

ingredients   ## instructions

--------------------   --------------------------------
--------------------   --------------------------------
--------------------   --------------------------------
--------------------   --------------------------------
--------------------   --------------------------------
--------------------   --------------------------------
--------------------   --------------------------------
--------------------   --------------------------------
--------------------   --------------------------------
--------------------   --------------------------------
--------------------   --------------------------------

{ notes   }

Recipe:

serves   prep time

ingredients   instructions

---------------   ------------------------
---------------   ------------------------
---------------   ------------------------
---------------   ------------------------
---------------   ------------------------
---------------   ------------------------
---------------   ------------------------
---------------   ------------------------
---------------   ------------------------
---------------   ------------------------
---------------   ------------------------

{ notes

CPSIA information can be obtained
at www.ICGtesting.com
Printed in the USA
LVHW051144291220
675197LV00003B/551

9 781801 094344